Evandro Gregorin

SUBIRCONSCIENTE
O PREÇO DA INTERPRETAÇÃO

1ª Edição

São Paulo
Evandro Tadeu Pinholi Gregorin
Edição do autor
2018

SUBIRCONSCIENTE
O PREÇO DA INTERPRETAÇÃO

Autor: Evandro Gregorin

email: evandro@subirconsciente.com.br

Capa e Fotos: Marcelo Alcântara

Editoração e Diagramação: Conexão Brasil Computação Gráfica

Revisão: Cristiane Gregorin

Dados Internacionais de Catalogação na Publicação (CIP)
(Câmara Brasileira do Livro, SP, Brasil)

Gregorin, Evandro Tadeu Pinholi
Subirconsciente : o preço da interpretação / Evandro Gregorin. -- 1. ed. -- São Paulo : Ed. do Autor, 2018.

Bibliografia.
ISBN 978-85-906436-0-9

1. Autoajuda 2. Atitude - Mudanças 3. Desenvolvimento pessoal 4. Relatos pessoais 5. Subconsciente 6. Superação - Histórias de vida I. Título.

18-21622 CDD-869.3

Índices para catálogo sistemático:

1. Histórias de vida : Literatura brasileira 869.3

Maria Alice Ferreira - Bibliotecária - CRB-8/7964

Prefácio

Quem nunca pensou em aprender a auto-aperfeiçoar-se?

O aprendizado de atitudes, essencialmente práticas, pode ser difícil, mas não é tão complicado assim e muito menos impossível!

Basta começar!

Decida.

Procure.

Ouça.

Leia!

Esta obra apresenta conceitos que nos fazem pensar e ver que podemos mudar nossas atuais circunstâncias e termos sempre um recomeço!

Malcom W. Franz

e volução
t riunfo
s n irvana
u e xcelência
b i nfinito
c c apacitação
o s uperação
n n obreza
s o timismo
c c riação
i r ealidade
e i luminação
n b eleza
t u nião
e s abedoria
x

Interpretação é um substantivo feminino que caracteriza a ação ou efeito que estabelece uma relação de percepção da mensagem que se quer transmitir, seja ela simultânea ou consecutiva, entre duas pessoas ou entidades.

O termo também pode se referir à ideia de explicar ou declarar o sentido de algo, traduzir de uma língua para outra, expressar ou conceber a realidade de um modo pessoal ou executar ou representar uma obra artística.

A palavra tem origem do latim *interpretativo, onis* que significa "explicação, sentido".

A interpretação pode caracterizar o processo que leva um indivíduo a compreender um determinado feito e sua posterior declamação, como por exemplo, a tradução de um idioma realizada por um intérprete ou tradutor de línguas.

Ela pode ser considerada um termo ambíguo, pois refere-se tanto ao processo quanto ao resultado de algo que é fruto da ação humana, como na prática da leitura, onde o leitor utiliza um conjunto de processos mentais para compreender um determinado texto, além de poder fazer comentários acerca deste.

Fonte:https://www.significados.com.br/interpretacao/

Subirconsciente
O preço da interpretação

Esta obra mostra a história de vida contada através dos fatos reais vivenciados por mim. Como eu consegui superar as experiências mais marcantes que o ser humano pode enfrentar.

Um sequestro de 5h; um câncer gravíssimo; um transtorno bipolar por três anos; uma síndrome do pânico administrada até os dias de hoje e todos os tipos de percalços que estamos sujeitos a enfrentar em nossos dias.

Esse material apresentado a seguir, não se trata de uma verdade absoluta ou incontestável, simplesmente é um material fruto de anos de estudos aprofundados e de minhas intuições e interpretações na busca incansável para vencer esse "jogo da vida", ou seja, da minha vida!

Aprenda a desenvolver:

- As Sete principais áreas fundamentais para alcançar o triunfo.

- A Sincronização e seus benefícios.

- O que os dias da semana podem fazer por você!

Sumário

Seja bem-vindo!

Em agosto de 2002, eu e minha esposa estávamos começando uma empresa de doces e salgados para atender festas particulares e alguns *Buffets*. Com apenas dois meses de existência já havíamos conseguido alguns bons clientes e outros estavam bem encaminhados.

Dia 09/10/2002, antes de fazermos uma entrega de amostra para um novo cliente, passei no médico para saber o resultado do exame que eu havia feito.

E foi então que veio o diagnóstico de um tumor muito grave. Eu estava com câncer!

No momento em que recebi essa notícia fechei meus olhos e me senti como se um tiro de revólver tivesse travado a minha cabeça. Era como se isso já houvesse acontecido um tempo antes e senti uma emoção muito estranha; era como se meu peito estivesse falando comigo. Isso mesmo, como se uma voz de dentro do meu peito me dissesse: "isso não é verdade! Essa situação não está acontecendo com você. Não acredite neste diagnóstico!".

Lembro-me que em frações de segundos quando eu abri meus olhos e vi minha esposa ao lado toda emotiva, pensei... "Deus quer me mostrar um novo caminho de vida!".

Agradeci ao médico pela consulta, abracei minha esposa e fomos quietos até o carro.

Quando ela me perguntou o que iríamos fazer, eu respondi: "primeiro faremos a apresentação de nossa amostra de produtos para o novo cliente que está nos aguardando e, depois, vamos resolver essa situação da melhor forma possível".

O interessante é que eu não conseguia encontrar certa lógica para as coisas que estavam acontecendo em minha vida.

Nos 16 meses anteriores eu havia sido assaltado sete vezes à mão armada e, da última vez, fiquei sequestrado aproximadamente por 5h, rodando pela cidade sem saber o que aconteceria comigo, totalmente à mercê de pessoas desequilibradas. Recordo-me que um dos assaltantes estava nervoso e discutia muito com seu parceiro, pressionando um revólver em meu pescoço e dizendo que iria me matar a qualquer momento. E ele atirou! Senti meu sangue congelar e essa foi uma sensação muito diferente do que eu já havia sentido em toda a minha vida. O que aconteceu dentro do meu corpo, em frações de milésimos de segundos foi espantoso. Eu vi minha mente correndo por dentro do meu corpo, das pernas até ao centro do cérebro; minha vida passava como em uma tela de cinema e, na última cena, era minha própria imagem... a do meu rosto. Então eu me perguntei: "morri"? Foi aí que, de repente, senti que minha bexiga estava querendo soltar e percebi que a bala não havia saído do revólver. Até hoje, quando me lembro dessa história, tenho essa imagem muita clara e forte em minha mente. Diante do fracasso do disparo, eles resolveram me trancar no porta-malas do carro e ali fiquei até o desfecho final.

O que fazer diante de uma situação como esta?

Chorar? Gritar? Se desesperar? Nada disso iria adiantar, pois eu não sabia a que momento o carro iria parar e minha provável execução acontecer.

Já dentro do porta-malas, vi minha mente dentro do meu peito novamente (era tão nítido como se eu estivesse vendo algo externo através dos meus olhos e essa era uma situação muita clara) e uma sugestão uma voz que dizia assim: "se não há nada que se possa fazer, então durma". Em frações de segundos, dormi ali trancado.

Depois de um tempo, acordei assustado pela voz de um dos assaltantes perguntando: se estava tudo bem comigo e que deixaria o carro naquele lugar.

Eu imediatamente respondi que sim, tanto para a pergunta como para a observação de deixar o carro ali e ainda completei: "Que Deus o acompanhe".

E assim, tudo se torna no mais absoluto silêncio. Comecei a forçar a tampa do porta-malas nas costas, tentando estourar o trinco. Quando senti que ela estava abrindo, me vi diante de um impasse: "se eu estourar o trinco e o porta-malas abrir, será que eu serei executado? Onde será que estou?".

Não conseguia ver nada e, por esse motivo, resolvo me conectar novamente com a voz de dentro do meu peito e digo: "se a saída, agora, for para o meu bem, me dê um sinal forte e claro para que eu possa ter certeza que vem de você e, assim, confiarei com toda a minha vida"!

Ao terminar esse diálogo, ouço passos de um homem de sapatos andando sobre cimento e em seguida uma voz feminina, um pouco mais distante, dizendo: "bom trabalho meu amor".

Era tudo tão claro e nítido que após alguns segundos não tive dúvidas. Nesse momento concentrei toda minha força em minhas costas e comecei a estourar o trinco da tampa do porta-malas e, assim que ela se abriu, saí correndo em zig zag para o lado que eu estava virado, mas com muito receio de receber algum tiro. Após alguns metros, percebi que estava sozinho em uma rua residencial, sem qualquer explicação o desespero tomou conta de mim e saí apertando a campainha de algumas casas pedindo ajuda, mas acredito que devido ao meu desespero e nervosismo nenhuma pessoa me atendeu.

Hoje chamo esse meu comportamento de "emoções represadas".

Em questões de segundos percebi que esse comportamento não era nada coerente com a situação. Então, comecei a controlar a minha respiração ficando assim mais calmo, mas sentia que precisava sair desse cenário de qualquer jeito; resolvi voltar correndo para o carro e ao sentar no banco do motorista vi que a chave não estava no contato, por uma intuição ou um golpe de sorte pensei que a chave pudesse estar embaixo do tapete e ao levantar o tapete e com um sentimento de imensa gratidão eu vi bem ali, brilhando para mim.

Imediatamente, peguei a chave liguei o carro e saí como se estivesse fugindo, e realmente eu estava fugindo, precisava encontrar um lugar seguro onde pudesse me recompor emocionalmente e voltar para casa.

Lembro-me que estava muito longe da minha casa e não tinha gasolina nem dinheiro suficiente para o retorno e isso já era por volta das 05h30 da manhã de um sábado. Pelo caminho, encontrei a colaboração de frentistas de três postos de combustível que contribuíram para o meu retorno.

Compreendendo os sinais

Sei que esses acontecimentos começaram a mudar minha vida!

Em relação ao tumor, era necessário retirá-lo. Confesso que minha situação financeira não proporcionava condições para essa cirurgia, mas começaram a surgir algumas opções, inclusive de ajuda financeira de parentes e amigos.

Recordo-me que alguns meses antes tivemos uma convivência mais próxima com uma família de amigos, por parte do lado da minha esposa. Eram o pai, a mãe e duas filhas; eles estavam enfrentando um momento muito difícil em suas vidas em que a filha mais nova estava em tratamento há 01 ano com problema no nervo ciático, mas como o seu estado começou a piorar, resolveram mudar de médico. Depois disso, veio o diagnóstico correto de que ela estava com câncer no ciático. A família começou uma corrida contra o tempo para salvar a vida dessa menina. Submeteu-se a uma cirurgia imediatamente, mas os resultados não foram satisfatórios, pois seu estágio estava muito avançado. Como o custo do tratamento era muito alto, a reserva financeira da família foi se esgotando e eles foram obrigados a continuar o tratamento na rede pública.

Posteriormente a mãe nos confessou que nesse período de transferência, seu marido lhe disse em uma de suas conversas que não tinha mais esperança na recuperação de sua filha e que estava imbuído de protegê-la e fazer o que fosse preciso para estar sempre ao lado dela, propondo a seguinte situação:

"Eu vou com nossa filha mais nova para cuidar e protegê-la e você fica aqui; cuidando de nossa filha mais velha".

Em uma semana esse pai desenvolveu um câncer na garganta e sua filha mais nova veio falecer. Poucos dias depois o pai faleceu também, cumprindo a promessa feita a sua esposa de acompanhar a filha.

O que dizer dessa situação? O desejo de um pai de não deixar sua filha partir para outro "plano" sozinha é forte o suficiente para levá-lo a óbito também?

Diante disso fico pensando o tamanho do poder que temos sobre nós. Infelizmente, essa força tem sido na maioria das vezes utilizada para o nosso lado destrutivo. Que bom seria se tivéssemos essa força direcionada sempre ao nosso lado construtivo! Qual seria o patamar em que estariam nossas vidas? São muitos mistérios ainda não revelados.

Só sei que essa história veio a minha cabeça como um raio que rasga o céu procurando um ponto para aterrar. Eu estava diante de um impasse: aceito a ajuda financeira de parentes e amigos, mesmo sabendo que esse dinheiro poderá fazer falta para eles e faço a cirurgia ou vou direto buscar tratamento na rede pública, onde as pessoas que não tem mais recursos financeiros, como esse meu conhecido foi parar e, também, onde as pessoas desacreditadas são levadas para passar os últimos momentos de suas vidas?

Nesse período, eu morava em uma região serrana, localizada em São Paulo e era época de frio, ou seja, as noites são mais frias e o céu, mais limpo e lindo!

Por várias vezes me pegava sozinho no quintal olhando para o céu e tentando ver sentido nas coisas, mas quanto mais eu procurava entender, mais perdido eu ficava.

Teve uma noite de lua cheia que fiquei admirado com o seu brilho. Ela estava tão luminosa que não se fazia necessária nenhuma luz para poder enxergar ao longe e isso chamou muito a minha atenção, portanto, fiquei apenas admirando esse lindo espetáculo da natureza. No meio dessa contemplação, como um anjo que sopra em nosso ouvido, a compreensão se revelou assim:

Se o brilho da lua hoje é radiante, é graças aos ciclos da natureza... assim como alguns de seus dias também os são.
Haverá noites em que nem a lua você conseguirá enxergar, mas pode ter certeza que ela está no céu com seu brilho radiante.
E você, terá dias em que não perceberá seu próprio brilho, pois, assim como algumas nuvens escondem o brilho e às vezes até a própria lua, os seus problemas escondem o seu brilho de você mesmo. Tenha a certeza e toda

a fé de que seu brilho nunca deixará de existir, pois você também é um "ciclo da natureza".

Após essa "revelação", embora os médicos e exames confirmarem o diagnóstico, decidi fazer minha cirurgia pela rede pública com o sentimento e a certeza de que não estava com câncer, de que isso não estava acontecendo comigo!

Com essa determinação e sentimento de que eu não tinha nada e que tudo ocorreria dentro da normalidade, decidi ir até o hospital público com meu exame para saber como deveria proceder para a cirurgia. Era uma terça-feira, dia 15/10/2002.

A rede pública de saúde estava um caos, entretanto eu tinha que encontrar uma forma de ser atendido.

Cheguei ao hospital por volta das 10h e estava simplesmente lotado de jovens a idosos. Era realmente assustador.

"Meu Deus do céu, como eu vou encontrar alguém que possa me ajudar neste lugar? Tudo aqui é muito assustador, inclusive esse cheiro forte que arde as narinas; e todos aqui expressam muito sofrimento!".

Por alguns minutos, fiquei parado no corredor observando o movimento e aos poucos pude perceber o carinho e a boa vontade com que os médicos residentes ali trabalhavam... Como tratavam os seus pacientes.

Eles conseguiam, diante de tanto sofrimento e tristeza, fazer com que as pessoas sorrissem e tivessem, acredito eu, um pouco mais de esperança, pois foi isso que eu senti: esperança!

Depois de um tempo observando aquela situação e agora mais otimista, fui até a porta de um consultório esperando uma oportunidade para fazer uma pergunta que pudesse me orientar. Após algum tempo me informaram que eu precisava encontrar e falar com o Professor Dr. X.

Começou aí uma busca para encontrar o Dr. X, mas o hospital era muito grande e ele não tinha uma sala fixa.

Por volta das 16h50 encontrei o Dr. X. Ele estava em uma sala, sentado com alguns documentos sobre seu colo. Bati na porta que estava entreaberta e gentilmente pedi ao Dr. X um minutinho de sua atenção, para que olhasse meu exame se fosse possível. Com uma expressão fechada, testa franzida – realmente com uma cara de poucos amigos –, olhou-me indignado, deixando claro que eu estava importunando e atrapalhando seu raciocínio diante a uma pilha "gigante" de processo clínico de pacientes.

Sabendo que eu não tinha outra saída, decidi permanecer ali parado diante dele como se eu não tivesse ouvido suas palavras, mas por dentro minha vontade era de sair correndo daquele lugar.

Depois de um tempo, na porta da sala e olhando-o fixamente, o Dr. X fez um sinal de cabeça, solicitando-me que levasse meu exame até ele.

Após analisar o resultado do exame o Doutor X me olhou com uma expressão de espanto, acredito que pela gravidade da situação, sem nenhuma sutileza e com a maior frieza disse-me: que eu estava com um câncer gravíssimo. Entregou-me um papel e pediu que eu procurasse uma moça, em um determinado departamento, em nome dele.

Quando localizei a tal moça percebi que ela era a pessoa responsável pela internação naquele hospital. Entreguei a ela o papel em nome do Dr. X, conforme ele havia me pedido. Ela olhou o papel, mexeu em seu computador e me disse: "*Você receberá uma ligação na próxima segunda-feira confirmando sua cirurgia para o dia seguinte*".

Eu agradeci e saí do hospital.

No caminho de casa e com um profundo sentimento de gratidão por ter conseguido marcar a cirurgia, em minha mente, começou a passar um filme tipo "mini flashback" de tudo que havia acontecido nas últimas horas.

Por quantas vezes eu havia pensado em ir embora, pois estava em um ambiente totalmente desconhecido, hostil, sozinho e sem nenhuma base ou referência para me apoiar?

O que me fez permanecer ali este tempo todo?

Por que eu havia conseguido o que queria?

Quando cheguei em minha casa, compartilhei a boa notícia com minha esposa que havia ficado ansiosa por todo o dia. Muito emocionada e feliz com a notícia, começamos a nos preparar para este grande desafio em nossas vidas.

A despedida e a força do amor

No domingo anterior à cirurgia, nos reunimos em casa para fazermos um churrasco e nos confraternizarmos. Estava a família toda e alguns amigos mais próximos.

Mais ou menos na metade da confraternização, eu estava dentro da piscina observando todo aquele movimento das pessoas, uns na churrasqueira, outros tomando sol, enfim, todos em minha volta.

Então me perguntei o porquê desta confraternização. Foi aí que o mundo "desabou" sobre minha cabeça; estávamos em uma confraternização de despedida, ou seja, da minha despedida.

Tomado por uma emoção muito forte, não consegui conter minhas lágrimas. Saí da piscina rapidamente e fui para meu quarto, tentando disfarçar, mas sem que eu pudesse perceber, minha esposa estava atrás de mim e com olhar muito triste. Preocupada, ela me perguntou por que eu estava chorando?

Essa foi a única vez que eu não consegui me conter diante desta situação... Disse a ela tudo sobre as coisas que estavam passando em minha cabeça, que dominavam os meus pensamentos e que me faziam sofrer.

Com a força e a sabedoria de uma guerreira, ela me acalmou e ajudou a tirar aquelas ideias da minha cabeça e juntos, prometemos que iríamos fazer um novo churrasco assim que eu estivesse recuperado.

Minha esposa é uma pessoa muito importante na minha vida; acredito que o nosso amor seja um amor eterno! Não importa o grau das dificuldades que passamos em nossas vidas, ela sempre esteve do meu lado. Nosso amor sempre se fortaleceu superando tudo e a todos.

Certa tarde, deixei-a na casa de sua madrinha enquanto fui fazer uma entrevista de emprego. A dificuldade financeira que atravessávamos era muito crítica.

No retorno para nossa casa, ela me perguntou o resultado da entrevista de emprego.

Disse-lhe que ainda não havia sido desta vez. Com essa resposta, sua expressão e seu comportamento mudaram; havia ficado diferente, um pouco pensativa, talvez!

Após algum tempo dirigindo, ela me pediu para irmos a um determinado atacado, disse-me que havia ganhado um dinheiro de sua madrinha e precisava comprar algumas coisas.

Durante as compras ela foi me falando de suas ideias, e o que iríamos fazer. Legal! Nasceu aí a nossa empresa de doces e salgados!

Quando chegamos em casa por volta das 23h30 tínhamos tudo que precisávamos para produzir os salgados e os docinhos, entretanto, não sabíamos como fazer! Tínhamos apenas algumas noções, e isso para ela já era o suficiente.

Passamos as próximas 29h aprendendo e produzindo nossos primeiros salgados.

Às 4h da manhã do dia seguinte das compras, eu estava me despedindo de minha esposa na cozinha de casa, com uma caixa térmica cheia de salgados que havíamos acabado de preparar.

Era uma madrugada muito fria e escura e confesso que quando cheguei ao carro fiquei um pouco assustado com a situação, pois não fazia a menor ideia de como vender todos aqueles salgados.

Eu precisava conseguir! Eu não podia fracassar!

Fiquei parado ali no carro, acredito que por uns 20 minutos procurando uma luz! Uma direção!

Mais uma vez me deparo diante do desconhecido.

O que fazer?

Para onde ir?

"Permita-me enxergar através das névoas que encobrem meus olhos, preciso encon-

trar um caminho, não só por mim, mas pela minha família".

Mais uma vez a resposta se fez presente em minha mente e eu deveria explorar a região de Mairiporã, atendendo os bares e padarias. Assim, o fiz.

Chegando em casa, encontrei minha esposa dormindo no sofá da sala; ela havia me esperado para saber das novidades.

Contei a ela como havia sido esse grande desafio, com todos os detalhes possíveis.

Realmente para nós foi uma grande superação. Como todo esforço tem uma recompensa, não fiquei sem receber a minha!

Com aquele brilho lindo dos seus olhos verdes e com um sorriso encantador e uma voz suave, ela me disse: "Que bom amor que deu certo; eu te amo"!

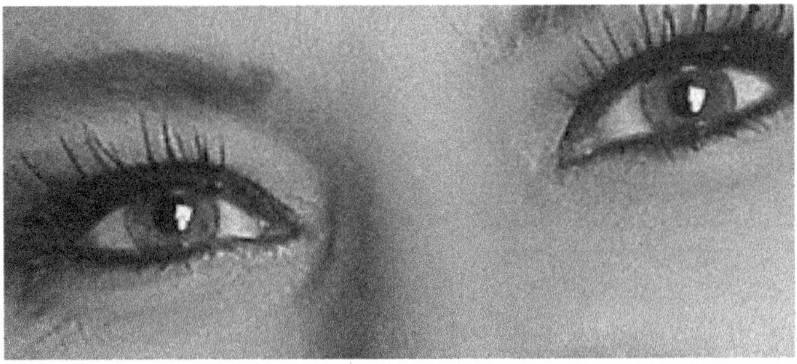

A cirurgia

Na terça-feira, dia 09/10/2002, estávamos no hospital às 07h em jejum de 12 horas, conforme a solicitação dos médicos. Não tínhamos o horário definido para a cirurgia, portanto, tínhamos que ficar ali no corredor esperando que a chamada acontecesse.

Quanto mais tempo passava esperando, mais a angústia tomava conta dos pensamentos. Era muito difícil conseguir encontrar o autocontrole neste ambiente; a incerteza de fazer a cirurgia, incerteza do sucesso da cirurgia. E como seria após a cirurgia?

Conseguia algum controle quando olhava para minha esposa, minha mãe e irmã que estavam comigo esse tempo todo. Isso ajudava a amenizar o meu drama, pois não queria demonstrar a elas o quanto eu estava apreensivo com o desfecho desta situação.

Por volta das 20h me chamaram para a cirurgia. Tudo foi muito rápido: entrei em um quarto, troquei de roupa e deitei-me na maca. Ao me levarem, passamos pelo corredor onde encontrei minha esposa. Ela me beijou e disse-me que estaria me esperando e que confiava em mim. Essas palavras entraram em minha consciência e fortaleceram minha fé em meu coração.

No andar da cirurgia, fiquei na maca em um canto esperando a minha vez. É até estranho ficar ali observando, pois vemos que existe uma "produção" de cirurgias; existe um painel gigantesco com o nome das pessoas, horário, tipo de cirurgia etc... Tudo sobre os pacientes.

Após alguns minutos ali esperando, vieram me buscar e me levaram para a sala cirúrgica, pois havia chegado minha vez. Ao me trocarem da maca para a cama e começarem os preparativos, minha apreensão se tornou mais forte; *"seja o que Deus quiser"*; até que de repente pediram para parar. Surgiu um imprevisto com alguém que eu não entendi direito o que era. Então, pararam com todo o processo, levando-me de volta para esperar mais um pouco na sala ao lado.

Embora seja uma realidade dura que temos de enfrentar, confesso que essa é uma das piores situações que pode acontecer quando estamos próximos de uma cirurgia, pois o nosso psicológico é completamente abalado e nossa confiança totalmente minada diante de fatos assim.

Às 23h, eu estava descendo do centro cirúrgico e, ainda que minha esposa diga que falei com ela, inclusive afirmando que tinha ocorrido tudo bem, não me lembro de nada.

Após a cirurgia fiz acompanhamento por 10 anos e nunca mais tive qualquer problema em relação a isso.

Ah, quando me recuperei da cirurgia, fizemos um novo churrasco de confraternização, "agora comemorando meu retorno"!

Despertando a consciência

Alguns fatos interessantes de como as coisas aconteceram me chamou muito a atenção: **1º** meu exame do diagnóstico está datado do dia 09/10/2002; **2º** minha cirurgia ocorre no dia 21/10/2002; e **3º** minha alta no dia 22/10/2002. Nesse período não se completaram nem duas semanas.

Alguma coisa muito diferente estava acontecendo e eu não compreendia.

Comecei então a perceber que muitas vezes a "coisa" não está em minhas mãos, não depende de mim. Sou responsável sim, pela forma e de que forma escolho os caminhos pelos quais irei passar, mas não sou responsável pela própria vida em si. Sei que eu sou uma alma, um espírito vivenciando uma experiência corpórea, através de um corpo físico que está limitado aos sentidos, ciclos e as leis que regem o universo e os planetas.

Envolvido pela curiosidade e pela beleza dos fatos por mim compreendidos em situações não muito habituais, decidi iniciar os estudos em livros e na internet para começar a entender alguns fatos que colaboravam para eu passar a enxergar o mundo sob novas perspectivas.

Percebi diante destes estudos que a compreensão não era tão simples como eu imaginava no início, mesmo assim, fui obtendo progressos, mas confesso que sem grande empolgação.

Quando conheci o filme "O Segredo", como alguns milhões de pessoas, voltei a ficar empolgado e confiante diante das revelações que nos foram apresentadas de uma forma mais simplificada.

Recordo-me que no começo voltei a obter bons resultados, mas como não existia uma receita, um passo a passo e as pessoas, provavelmente, tinham vergonha de falar sobre o assunto, penso que com medo de serem recriminadas ou hostilizadas, fui sozinho colocando em prática as coisas conforme a minha própria compreensão e entendimento.

Hoje sei que foi mais na força de vontade do que na compreensão.

Mas só "força de vontade" passa a ser uma resistência contra a Lei que nunca cessa. E nessa disputa sempre perderemos, sempre iremos nos cansar. Por isso, as coisas não aconteciam e os resultados – em meu modo de ver e entender – eram muitos pífios.

Superando o emocional destrutivo

Com o passar de alguns dias um sentimento de medo e pavor passou a tomar conta de mim; não tinha hora nem lugar. Os sintomas eram mais intensos quando o tempo ficava chuvoso e com ventos fortes, chegando a um ponto que se tornou frequente e descontrolado... E isso piorava a cada dia.

Certo dia, decidi procurar ajuda profissional e fui diagnosticado pelo psicólogo com transtorno bipolar.

O psicólogo acreditava que se eu fizesse no mínimo 10 sessões com ele, eu teria grandes chances de me livrar deste "problema", voltando a ter uma vida equilibrada e saudável. O maior problema é que eu não tinha a menor condição de pagar seus serviços pelo valor que ele havia proposto.

Como o que não tem remédio, remediado está, voltei para casa e dividi essa situação com minha esposa, não sendo diferente das outras vezes, ela se fez presente para me ajudar com todo o seu amor e carinho.

Passamos aproximadamente os três próximos anos superando crises fortíssimas que chegavam a me levar próximo ao ponto da loucura. Entretanto, fui melhorando minha vida através de estudos e de minha autoanálise.

Após esse período e apoiado totalmente por minha família, decidi começar a escolher com um pouco mais consciência, o caminho que iria trilhar a minha vida.

A primeira decisão foi sair da região serrana onde morávamos, pois percebia que quando estava fora de lá as crises eram menores e mais leves.

Esse processo de mudança demorou aproximadamente um ano.

Após a mudança para a cidade, esses sentimentos e emoções passaram a ser menos constantes e a vida começou a ser mais leve e feliz.

Minha esposa me presenteou com um *Smartphone* que facilitou muito o acesso às informações de que eu precisava e eu poderia estudar de qualquer lugar e a qualquer hora que me sobrasse um tempo livre. Comecei a estudar algumas personalidades que sabiam como trabalhar com as Leis do Universo, tipo a Lei da Atração, da Vibração e o funcionamento do cérebro; as coisas começaram a prosperar novamente.

Próximo de completar um ano morando na capital realizei um passeio de carro com minha família pelo litoral Sul de São Paulo.

Quando iniciamos a travessia na ponte pênsil entre Praia Grande e São Vicente, uma crise muito forte tomou conta de mim. Eu via diante dos meus olhos os pinos que seguravam as madeiras sobre a estrutura da ponte se soltarem um a um. O desespero foi inevitável. Acelerei o carro o máximo que consegui até sair de cima da ponte.

Uma respiração fortíssima e uma taquicardia intensa tomaram conta de mim e pensei que algo pior fosse me acontecer. Nesse momento, senti novamente uma voz dentro de mim a me dizer: "se controla, se controla que vai passar". Comecei a me tranquilizar até que a consciência da razão se fez presente.

"Agora me sinto com muito medo e não quero mais dirigir..., se eu não dirigir agora acho que nunca mais vou dirigir... ai meu Deus o que fazer"?

Após alguns segundos, com a confiança da minha esposa e do meu filho, decidi ligar o carro e continuamos o nosso passeio.

Agora as coisas pioraram um pouquinho mais, pois comecei a ter desconforto com altura, elevadores, ambientes pequenos e ambientes fechados. O interessante é que eu havia me mudado para um apartamento e com isso, eu não passava nem perto da janela.

Novamente, resolvi procurar ajuda profissional. Agora um psiquiatra.

No psiquiatra estive por duas sessões. Na primeira, ele me confirmou o diagnóstico de Síndrome do Pânico e me receitou três medicamentos, me pedindo para retornar em trinta dias. Na segunda, que foi o retorno, eu lhe disse que havia comprado e tomado apenas um dos remédios que ele havia me receitado e que eu estava me dando alta do tratamento.

Eu não iria mais retornar às consultas. Agradeci pelo serviço prestado e me retirei.

Veja bem, eu não estou incentivando ninguém a abandonar tratamento médico. Diante das minhas interpretações, eu entendi que essa situação não era benéfica para mim.

Agora, havia escolhido um novo rumo para a minha vida. Foi um caminho muito difícil e o meu primeiro grande desafio foi logo em seguida da escolha que fiz. Apenas alguns dias depois eu e minha amada esposa estaríamos comemorando 18 anos de união e nossa comemoração já estava reservada. Era nossa primeira viagem de navio pela costa brasileira, que ocorreu em Novembro de 2009.

Ao subir a escada do navio minhas pernas travaram e meu coração disparou. Foi aí que me lembrei de meu filho. Sempre que estava diante de algo que me atacava o pânico, ele brincava comigo "Vai ficar com medinho vai"? e, então, respirei fundo e continuei subindo a escada.

A viagem foi bem agradável, apesar de algumas pequenas crises, mas com o apoio de minha incansável esposa, conseguimos nos divertir até o final do passeio.

Posteriormente, fizemos outro Cruzeiro Marítimo, desta vez os sentimentos de ansiedade foram mais leves e também correu tudo bem.

Depois disso, vieram outros desafios como viajar de avião. Lembro-me de que fizemos uma viagem de férias em família para Fortaleza e na hora de embarcar no avião o pânico tomou conta novamente de mim, mas com o auxílio e carinho do meu filho e da minha esposa consegui entrar. Logo, quando me sentei, comecei a tentar me acalmar e, mais uma vez, entrei em processo de *Self Talk* (diálogo Interno), o mesmo processo que havia se manifestado em situações de angústia e medo vivenciado anteriormente, trazendo assim o equilíbrio interior.

Penso que o começo da minha superação em relação à Síndrome do Pânico foi o desafio feito pelo meu filho; escorregar no Insano, o maior tobogã do mundo. Fica localizado no Brasil, em Fortaleza no Beach Park, com 41 metros de altura e sua velocidade chega a 105 km/h em uma duração de 5 segundos.

Depois de subir todos aqueles degraus chegou a hora de se deitar no escorregador... Eu não queria mais escorregar! E aí já sabem né? Vira meu filho e diz: "Vai ficar com medinho, vai"?

Encorajado por ele, deitei-me e fui.

Não tenho palavras para descrever o que é aquilo. É simplesmente sem palavras.

Lembrando agora, não tenho dúvidas; com certeza, esse foi o maior desafio da minha vida e olha que eu já havia saltado de *bungee jumping*.

Tenho muita gratidão pelo meu filho. Sei que essas brincadeiras foi uma forma que ele encontrou para me dar forças de enfrentar esse estado de pavor e inércia em que me encontrava diante dos desafios de uma crise de pânico. Nenhum filho quer ver seu pai acuado como um bicho medroso, pois é isso que a gente sente quando uma crise de pânico ataca.

Decidi fazer deste *Self Talk* um ritual para todas as vezes que eu me deparar com situações desconfortáveis.

E assim é até hoje em dia: em elevador panorâmico, navio e avião ao decolar ou em forte turbulência.

Hoje chamo esse *Self Talk* de **Sincronização do SUBIRCONSCIENTE.**

Estudando e trilhando um novo caminho

Nesse período meus estudos em relação às leis da natureza e compreensão da vida haviam ficado meio de lado e meus resultados voltaram a ser abaixo do esperado. Mas agora eu estava emocionalmente mais confiante e me sentindo um pouco mais equilibrado. Então, voltei a estudar a todo vapor o material de alguns nomes reconhecidos como Tony Robbins, Napoleon Hill, Bob Proctor entre outros.

Em junho de 2015, após terminar um treinamento de alta performance, reconhecido pela Fundação Napoleon Hill, matriculei-me em uma escola de insight, muito interessante.

Era uma plataforma digital que oferecia estudo de casos de empresários que atingiram o sucesso. Tipo uma biografia digital onde eles contam suas próprias trajetórias.

Essa ferramenta me deu acesso a um evento em um famoso Shopping Center de São Paulo, que se realizou em uma sala de cinema, fechado para determinado número de pessoas.

Esse foi um evento muito interessante, onde várias personalidades do mundo coorporativo que participaram da plataforma marcaram presença, como; Flavio Augusto (fundador da Wise Up), Luiz Carlos Martins (fundador da Wizard), Deusmar Queiros (Fundador da Rede Farmácia Pague Menos), Geraldo Rufino (Fundador da Diesel), Eloi D'avila (fundador da Flytour), Robinson Shiba (Fundador da China in Box), entre outros.

Ao término das apresentações, procurei o idealizador do evento por uma oportunidade de uma breve conversa, no qual foi muito simpático e deixou-me totalmente à vontade.

Disse a ele que acreditava que o sucesso não era resultado só de trabalho, como a grande mídia vende para nós, que nos estudos de casos em sua plataforma, foi nítido perceber que os empresários, em seus relatos, apresentam pontos desenvolvidos e bem definidos em suas vidas que serviram de pilares para uma boa estruturação e aí sim a obtenção do sucesso.

Completei dizendo que eu iria preparar um material onde eu pudesse reunir esses pontos desenvolvidos que fortaleceram o lado emocional, como os empresários abordaram em seus relatos, inclusive ele, que menciona muito sobre o amor que ele sentia e ainda sente por sua esposa, ao meu ver, esses são os sentimentos que nos levam para o sucesso. Mas como perceber a influência deles em nossas vidas?

Prontamente, o idealizador colocou-se à disposição para ver esse material assim que estivesse pronto e que eu deveria procurar o Ceo de sua plataforma para esse intermédio.

Agora diante desse meu desafio de criar esse material eu precisava estudar ainda mais. Quanto mais eu estudava, mais difícil se tornava a execução dos princípios apreendidos. Parecia que algo dentro de mim não aceitava os ensinamentos.

As coisas eram mais ou menos assim:

Todos os estudos, na teoria, eram de um entendimento fenomenal, na assimilação e na lógica eram todos perfeitos. Entretanto, na hora de colocar em prática as coisas não aconteciam.

Eu continuei estudando até encontrar um material chamado "Paradigma".

Paradigma é um conjunto de hábitos e crenças que nos orientam em cada movimento que fazemos nos afetando em tudo em nossas vidas, como em nossa alimentação, nossa postura, em nosso trabalho e até na maneira como nos comunicamos, inclusive em nossas falhas.

É um eterno saber que precisamos aprender a esquecer e aprender a aprender novamente. Isso sim é um dos desafios mais difíceis do ser humano.

O material que se pode encontrar sobre esse assunto é gigantesco, entretanto por mais fácil que pareça sua compreensão, a sua aceitação não é tão simples assim. Para que essas mudanças aconteçam temos que cumprir uma série de etapas até nos encontrarmos em perfeita harmonia, como por exemplo, a razão e a emoção devem estar em plena conformidade.

Nesses materiais, fala-se muito em consciente, inconsciente, subconsciente, mente consciente, mente inconsciente, mente subconsciente, mente mestra, mente universal etc. E isso torna as coisas, para quem não é profissional da área, muito confuso e cansativo.

A gratidão

A perfeita harmonia da razão e da emoção se fez presente em minha vida quando viajei com minha esposa para Las Vegas, em Nevada. Durante nossa estadia, resolvemos aproveitar a noite com um jantar, um passeio de limusine e um voo panorâmico de helicóptero sobre Las Vegas Strip.

Durante esse voo, veio à luz em minha mente a compreensão de como as coisas funcionam e que eu deveria sincronizar todas essas informações que havia recebido nos últimos anos. Foi muito intensa e emocionante essa experiência, simplesmente a realização de um sonho. Sou muito grato ao meu filho por essa experiência, pois só consegui entrar em um helicóptero graças a todo esforço, carinho e amor dele por mim durante todos esses anos.

Obrigado filho por acreditar em mim. Obrigado por tudo. Eu te amo!

Surgindo um novo conceito

Quando retornei de viagem comecei a procurar teorias que pudessem explicar como eu havia encontrado a perfeita harmonia entre a razão e a emoção. Encontrei o material de Daniel Kahneman que foi ganhador do prêmio Nobel de economia em 2002, apesar dele ser um psicólogo. Ele explica que o cérebro tem dois tipos de pensamentos: Intuitivo e Analítico.

- Intuitivo é o pensamento rápido e que confia nas experiências, na memória e nos sentimentos para tomar decisões.
- Analítico é o pensamento lento e serve como uma espécie de guardião do intuitivo.

Percebi que as coisas agora poderiam ser menos complicadas tornando assim, a minha autoanálise mais fácil.

Um dia assisti a um vídeo na internet do Dr. Lair Ribeiro onde ele mencionava a importância de desenvolvermos um modelo para "prendermos nossas pérolas", pois não adianta apenas termos boas ideias, mas também termos um bom modelo.

Por muito tempo tentei encontrar um modelo, uma sincronização em que essas coisas pudessem ser colocadas de modo a facilitar a compreensão de uma forma clara e simples.

Nesse período, me lembro de que fiquei muito tempo tentando concluir quais são os principais pontos que um ser humano tem que desenvolver e assim atingir sua plenitude, equilíbrio e sucesso.

Afinal de contas eu havia assumido um compromisso comigo mesmo de desenvolver esse material e após alguns erros e acertos, eu agora sabia que teria de trabalhar e desenvolver sete áreas fundamentais para alcançar o triunfo.

As sete áreas são:

1. Desenvolvimento da área Espiritual
 - Espiritual.
2. Desenvolvimento da área Profissional
 - Trabalho.
3. Desenvolvimento da área Financeira
 - Finanças.
4. Desenvolvimento da área Sentimental
 - Equilíbrio.
5. Desenvolvimento da área Familiar
 - Família.
6. Desenvolvimento da área Pessoal
 - Saúde.
7. Desenvolvimento da área entretenimento
 - Lazer/Descanso.

Comecei a partir desse ponto a recordar as minhas experiências, principalmente àquelas em que os eventos fluíram para mim de uma forma mais solta, menos resistente. Comecei a buscar por respostas dentro do meu subconsciente e, por muito tempo, nenhuma me veio à luz da consciência.

Um dia, conversando com minha esposa sobre esses assuntos, assim como um cientista traz à luz da razão um segredo da natureza, veio a nossa consciência um "segredo revelado" e uma clareza se fez presente. Eu estava procurando no lugar errado; estava usando o nome errado! Todo o nosso conhecimento e nossas informações não poderiam estar em um lugar com um nome que representa, principalmente no saber coletivo, a inferioridade. Sim, estou falando do subconsciente, pois a palavra SUB, significa e representa "aquilo que está abaixo".

Pensemos!...

Quando digo sub-humano, o que vem em sua mente?

Sabemos que o nosso cérebro visualiza as palavras reconhecendoas como imagem individual.

Se pensarmos intuitivamente e analiticamente a palavra subumanidade, o mesmo que sub-humano encontrarmos, segundo os dicionários[1]:

- Natureza ou condição de sub-humano, ausência de humanidade.
- Que é inferior ao que é considerado normal ao ser humano.
- Que não apresenta comportamento ou sentimento considerado normal no ser humano.

---

[1] Disponíveis nos sites: www.dicionarioinformal.com.br; www.priberam.pt

Enfim, o uso **SUB** significa aquilo que está abaixo.

Quando procuramos por Deus, podemos às vezes, por respeito, abaixar nossa cabeça, entretanto, sabemos que Ele sempre está acima de nós, nos olhando e nos abençoando.

Pensando nisso, diariamente, passei a utilizar nos meus momentos de *Self Talk*, principalmente na hora de dormir e ao acordar, uma conexão com meu SUBIRCONSCIENTE[2], direcionando-o para as sete áreas que eu agora estava disposto a desenvolver.

---

[2] Esse novo termo será explicado nas próximas linhas

Sincronização

Eu sou a essência viva do Criador.

Faça-me perceber os seus sinais
através de minha faculdade
intelectual e de minha capacidade de
criar e observar a verdadeira
realidade.

Que seja inesperada e grandiosa,
pois assim não terei dúvidas que
vieram de você,

meu

SUBIRCONSCIENTE.

Subirconsciente

SUBIRCONSCIENTE: atingir a capacidade plena da verdadeira realidade intelectual, proporcionando assim, total compreensão dos mistérios da vida e do seu próprio ser.

Essa sincronização diária começou a mudar a forma como vejo o meu mundo interior e exterior.

Um dia acordei com uma forte inspiração para estudar a criação do mundo através desse "jogo misterioso" chamado Gênesis e assim o fiz.

Ao me conectar diariamente com o meu SUBIRCONSCIENTE através da sincronização, e após alguns dias, compreensões diversas e o modelo que eu tanto procurava se fizeram presentes. Deparei-me com as "pérolas" da criação na Gênesis, a "Sincronização com o SUBIRCONSCIENTE".

"E foi assim...
E Deus lhes disse: Frutificai, e multiplicai-vos, e enchei a terra, e sujeitai-a; e dominai sobre..."

- Sujeitai-a: o mesmo que dominai.
- Dominai: vem do verbo dominar.
- Dominar: o mesmo que amansai; desbravai; vencei.
- Amansai: tornar-se manso (ser equilibrado, sossegado, bom, dócil, calmo).
- Desbravai: explorar novos lugares / territórios desconhecidos.
- Vencei: obter vitória sobre; triunfar; dominar; ser mais forte que.

Para atingir o triunfo é necessário, tal como Thomas Edison[3], que exploremos todas as possibilidades do contexto que estamos vivendo no momento de nossa vida. Isso deverá ser feito de forma consciente e equilibrada, não se importando com o tempo que for necessário para o êxito, até que possamos sujeitai-a e dominai esse "jogo" misterioso que é a vida. Somos uma parte (partícula) da criação de Deus. Ele nos criou no sexto dia.

Com base nessa informação e que toda a nossa estrutura molecular é resultado de uma série de criações, transformações e estamos sim ligados e conectados diretamente com tudo e com todos os dias da criação conforme o relato do livro da Gênesis.

---

[2] Da mesma forma como Thomas Alva Edison fez para a criação da lâmpada elétrica que, segundo registros, o triunfo de Edison veio após mais de 1000 tentativas, ou seja, mais de 1000 possibilidades.

Para atingir a plena capacidade Mental, Física e Espiritual devemos estar em perfeita sincronia com todo o conjunto Divino.

Então como fazemos isso?

Estando em harmonia com as Leis do Universo.

A lei da atração nos diz que, "Tudo o que pensamos, estamos atraindo".

A lei da vibração nos diz que sentir é o segredo; "Temos de sentir como se já tivéssemos o que realmente queremos", pois só podemos atrair o que realmente vibra em harmonia conosco.

Somos seres humanos dotados de energia e de intelecto. Através desse intelecto percebemos que nossa massa (corpo físico) atrai corpos (energia) em nossa órbita corpórea (campo eletromagnético) através da nossa vibração, assim como os planetas são atraídos na órbita do Sol pela gravidade.

Cada dia da criação tem seu campo eletromagnético e é representado pelo seu simbolismo, conforme solicitação de Deus.

Nosso corpo físico é uma massa de energia vibracional muita alta, e aprendemos apenas a desenvolver e utilizarmos nossos cinco sentidos:

1. Visão
2. Audição
3. Tato
4. Paladar
5. Olfato

Quando direcionamos nossos pensamentos a essas fontes de energias construtivas, ativamos nosso campo vibratório a esse simbolismo especificado, portanto nossa massa corpórea passa a vibrar em conformidade com a essência Divina, criando uma harmonia em nossa órbita, tornando assim, um fluxo contínuo de energia perfeita e construtiva, como podemos observar em tudo na natureza.

Na natureza, as coisas funcionam sem nenhum esforço, sem nenhuma pressa; tudo tem o seu tempo.

Em um de seus vídeos, Bob Proctor menciona a importância de desenvolvermos nossos outros sentidos.

A prática desse sincronismo criativo com o nosso SUBIRCONSCIENTE faz nossa estrutura bioquímica molecular se transformar e começar a entrar em harmonia com o Todo, potencializando dentro de nós outras faculdades através dos sentidos, como a INTUIÇÃO, VONTADE, IMAGINAÇÃO, PERCEPÇÃO, RA-

ZÃO, AUTOIMAGEM e MEMÓRIA, o que são de suma importância para o nosso desenvolvimento e pleno equilíbrio com o Todo.

Sincronização: é o ato de interagir em perfeita conexão com duas ou mais "coisas" ao mesmo tempo.

O material que será apresentado a seguir, não se trata de uma verdade incontestável, simplesmente é um material fruto de anos de estudos aprofundados e de minhas intuições e interpretações na busca incansável para vencer esse "jogo da vida", ou seja, da minha vida!

Gênesis: Sincronizando o Subirconsciente

1 No princípio, criou Deus os céus e a terra.
2 E a terra era sem forma e vazia; e havia trevas sobre a face do abismo; e o Espírito de Deus se movia sobre a face das águas.

Domingo

Primeiro dia - Espiritual

3 E disse Deus: Haja luz. E houve luz.
4 E viu Deus que era boa a luz; e fez Deus separação entre a luz e as trevas.

A "luz" tem representatividade com o início; à luz do conhecimento e da liberdade.

Espiritual: *Uma "propensão humana a buscar significado para a vida por meio de conceito que transcende o tangível, a procura de um sentido de conexão com algo maior que si próprio."*

Acreditar, perceber, sentir que se conecta com realidades não físicas; é o extra físico, que está fora do campo da matéria, se relacionando por sentidos mais sutis.

Sincronizando o SUBIRCONSCIENTE à frequência do ESPIRITUAL por alguns minutos durante o dia de domingo, explorando seu conceito dentro da realidade e compreensão que está vivenciando no momento, fará com que nossa energia vibratória se fortaleça e que nossa consciência se expanda, desenvolvendo assim, nossa faculdade da **Intuição**.

Intuição: *É a faculdade de compreender as coisas no momento, sem necessidade de realizar raciocínios complexos. São como laços fortes que nos unem àqueles que amamos. "Tudo é amor, o resto é ausência dele". O termo também é usado para fazer referência ao resultado de intuir.*

5 E Deus chamou à luz Dia; e às trevas chamou Noite. E foi a tarde e a manhã: **o dia primeiro.**

Segunda-feira

Segundo dia - Trabalho

6 E disse Deus: Haja uma expansão no meio das águas, e haja separação entre águas e águas.
7 E fez Deus a expansão e fez separação entre as águas que estavam debaixo da expansão e as águas que estavam sobre a expansão. E assim foi.

Expansão e separação estão relacionadas ao início dos trabalhos; separando-as e fazendo-as expandir-se.

Trabalho: *Conjunto de atividades realizadas; é o esforço feito por indivíduo, com o objetivo de atingir uma meta.*
O trabalho possibilita ao homem concretizar seus sonhos, atingir suas metas e objetivos de vida.

Sincronizando o SUBIRCONSCIENTE à frequência do TRABALHO por alguns minutos durante o dia de Segunda-feira, explorando seu conceito dentro da realidade e compreensão que está vivenciando no momento, fará com que nossa energia vibratória se fortaleça e que nossa consciência se expanda, desenvolvendo assim, nossa faculdade da **Vontade**.

Vontade: *É um ânimo firme, uma coragem, uma persuasão, um empenho, um desvelo, um interesse, uma certeza adquirida por demonstração ou por evidência. Tem papel importante para mantermos uma imagem em nossa mente aumentando nossa vibração.*

8 E chamou Deus à expansão Céus; e foi a tarde e a manhã: **o dia segundo**.

Terça-feira

Terceiro dia - Finanças

9 E disse Deus: Ajuntem-se as águas debaixo
dos céus num lugar; e apareça a porção seca.
E assim foi.
10 E chamou Deus à porção seca Terra; e ao
ajuntamento das águas chamou Mares. E viu
Deus que era bom.
11 E disse Deus: Produza a terra erva verde,
erva que dê semente, árvore frutífera que dê
fruto segundo a sua espécie, cuja semente esteja nela sobre a terra. E assim foi.
12 E a terra produziu erva, erva dando semente
conforme a sua espécie e árvore frutífera, cuja
semente está nela conforme a sua espécie. E
viu Deus que era bom.

Toda produção gera colheita, colheita precisa ser negociada e negociação gera um conjunto de finanças.

Finanças: *A ciência da gestão do dinheiro (Latim Clássico) como a ciência da estruturação dos arranjos econômicos necessários à concepção de um conjunto. No início existia a troca de mercadoria ou o famoso escambo. Esse era o método mais eficiente para as culturas, no entanto conforme as sociedades foram evoluindo e tornando-se mais complexas surgiu a necessidade de um sistema mais eficiente e estável para as negociações.*

Sincronizando o SUBIRCONSCIENTE à frequência das FINANÇAS por alguns minutos durante o dia de Terça-feira, explorando seu conceito dentro da realidade e compreensão que está vivenciando no momento, fará com que nossa energia vibratória se fortaleça e que nossa consciência se expanda, desenvolvendo assim, nossa faculdade da **Imaginação-Criativa.**

Imaginação: *Do latim imaginatio, imaginação é a faculdade de uma pessoa para representar imagens de coisas reais ou ideais. Trata-se de um processo que permite manipular a informação criada no interior do organismo (sem estímulos externos) para desenvolver uma representação mental.*

13 E foi a tarde e a manhã: **o dia terceiro**.

Quarta-feira

Quarto dia - Equilíbrio

14 E disse Deus: Haja luminares na expansão
dos céus, para haver separação entre o dia e a
noite; e sejam eles para sinais e para tempos
determinados e para dias e anos.
15 E sejam para luminares na expansão dos
céus, para alumiar a terra. E assim foi.
16 E fez Deus os dois grandes luminares: o lu-
minar maior para governar o dia, e o luminar
menor para governar a noite; e fez as estrelas.
17 E Deus os pôs na expansão dos céus para
alumiar a terra,
18 e para governar o dia e a noite, e para fazer
separação entre a luz e as trevas. E viu Deus
que era bom.

A separação entre o dia e a noite cria uma dualidade, precisando assim estar em equilíbrio constante.

Equilíbrio: *condição de um sistema em que as forças que sobre ele atuam se compensam, anulando-se mutuamente; Posição estável de um corpo, sem oscilações ou desvios.*

Quando observamos os dois grandes luminares (Sol e a Lua), um para governar e iluminar o dia e o outro pra governar e iluminar a noite não se tem dúvida da importância do equilíbrio entre eles, cada um ocupando e sendo responsável pela função que lhe foi atribuída, garantindo assim, os ciclos que regem a vida neste planeta.

Sincronizando o SUBIRCONSCIENTE à frequência do EQUILÍBRIO por alguns minutos durante o dia de Quarta-feira, explorando seu conceito dentro da realidade e compreensão que está vivenciando no momento, fará com que nossa energia vibratória se fortaleça e que nossa consciência se expanda, desenvolvendo assim, nossa faculdade da **Percepção**.

Percepção: *é o ato de receber, interpretar e compreender através do psíquico, os sinais sensoriais que provêm dos cinco sentidos orgânicos. É por isso que a percepção, embora recorra ao organismo e às questões físicas, está diretamente ligada com o sistema psicológico de cada indivíduo que faz com que o resultado seja completamente diferente em outra pessoa.*

E, além disso, o indivíduo faz desse estímulo, sinal ou sensação, algo consciente e transformador.

19 E foi a tarde e a manhã: **o dia quarto**.

Quinta-feira
Quinto dia - Família

20 E disse Deus: Produzam as águas abundan-
temente répteis de alma vivente; e voem as
aves sobre a face da expansão dos céus.
21 E Deus criou as grandes baleias, e todo rép-
til de alma vivente que as águas abundante-
mente produziram conforme as suas espécies,
e toda ave de asas conforme a sua espécie. E
viu Deus que era bom.
22 E Deus os abençoou, dizendo: Frutificai, e
multiplicai-vos, e enchei as águas nos mares; e
as aves se multipliquem na terra.

As multiplicações das espécies formaram seus grupos específicos, chamando-os assim, classe familiar.

Família: *Conjunto de pessoas que possuem grau de parentesco entre si e vive na mesma casa, formando um lar.*

A ideia de família é imutável e volátil no tempo da humanidade, se molda conforme a evolução dos ideais sociais, dos costumes da sociedade.

Sincronizando o SUBIRCONSCIENTE à frequência da FAMÍLIA por alguns minutos durante o dia de Quinta-feira, explorando seu conceito dentro da realidade e compreensão que está vivenciando no momento, fará com que nossa energia vibratória se fortaleça e que nossa consciência se expanda, desenvolvendo assim, nossa faculdade da **Razão**.

Razão: *No sentido geral, é a faculdade de conhecimento intelectual próprio do ser humano. É um entendimento, em oposição à emoção. É a capacidade do pensamento dedutivo, realizado por meio de argumentos e de abstrações. É a faculdade de raciocinar, exercício da razão pelo qual se procura alcançar o entendimento de atos e fatos perante as outras pessoas.*

23 E foi a tarde e a manhã: **o dia quinto**.

Sexta-feira

Sexto dia - Saúde

24 E disse Deus: Produza a terra alma viven-
te conforme a sua espécie; gado, e répteis, e
bestas-feras da terra conforme a sua espécie.
E assim foi.
25 E fez Deus as bestas-feras da terra confor-
me a sua espécie, e o gado conforme a sua
espécie, e todo o réptil da terra conforme a
sua espécie. E viu Deus que era bom.
26 E disse Deus: Façamos o homem à nossa
imagem, conforme a nossa semelhança; e do-
mine sobre os peixes do mar, e sobre as aves
dos céus, e sobre o gado, e sobre toda a terra,
e sobre todo réptil que se move sobre a terra.
27 E criou Deus o homem à sua imagem; à
imagem de Deus o criou; macho e fêmea os
criou.
28 E Deus os abençoou e Deus lhes disse:
Frutificai, e multiplicai-vos, e enchei a terra, e
sujeitai-a; e dominai sobre os peixes do mar,

sobre as aves dos céus, e sobre todo o animal que se move sobre a terra.
29 E disse Deus: Eis que vos tenho dado toda erva que dá semente e que está sobre a face de toda a terra e toda árvore em que há fruto de árvore que dá semente; ser-vos-ão para **mantimento**.
30 E a todo animal da terra, e a toda ave dos céus, e a todo réptil da terra, em que há alma vivente, toda a erva verde lhes será para **mantimento**. E assim foi.

Quando Deus menciona que mantimento (nutrientes) lhes será dado: significa que tudo aquilo que é necessário para sua alimentação e manutenção da sua saúde lhes será dado.

Saúde: *Estado de equilíbrio dinâmico entre o organismo e seu ambiente, o qual mantém as características estruturais e funcionais do organismo dentro dos limites normais para sua forma de vida e para sua fase do ciclo vital. Es-*

tado de boa disposição física e psíquica; bem-estar.

Sincronizando o SUBIRCONSCIENTE à frequência da SAÚDE por alguns minutos durante o dia de Sexta-feira, explorando seu conceito dentro da realidade e compreensão que está vivenciando no momento, fará com que nossa energia vibratória se fortaleça e que nossa consciência se expanda, desenvolvendo assim, nossa faculdade da **Nutrição da Autoimagem**.

Autoimagem: *É a parte descritiva do conhecimento que o indivíduo tem de si próprio. Esse conhecimento tem também uma parte valorativa, que é a autoestima. Podendo ser Independente ou Interdependente.*

31 E viu Deus tudo quanto tinha feito, e eis que era muito bom; e foi a tarde e a manhã: **o dia sexto.**

Sábado

Sétimo dia - Descanso / Laser

No sétimo dia, Deus descansou. Ele estava satisfeito, porque tudo que tinha criado era bom. Deus abençoou o sétimo dia e o santificou, porque era o dia de descanso.

Quando Deus abençoa o dia ele está se consagrando, tornando sua criação SAGRADA, nos tornando todos sagrados.

Lazer: *Tempo que sobra do horário de trabalho e ou do cumprimento de obrigações, aproveitável para exercícios de atividades prazerosas, cessação de uma atividade; descanso, repouso.*

Descanso: *ato ou efeito de descansar, repouso, folga; período sem ocupação, tranquilidade de espírito.*

Sincronizando o SUBIRCONSCIENTE à frequência do DESCANSO/LAZER por alguns minutos durante o dia de Sábado, explorando seu conceito dentro da realidade e compreensão que está vivenciando no momento, fará com que nossa energia vibratória se fortaleça e que nossa consciência se expanda, desenvolvendo assim, nossa faculdade **MEMÓRIA**.

Memória: *A memória (do latim memoria) é a faculdade psíquica através da qual se consegue reter e lembrar o passado. A palavra também permite referir-se à lembrança/recordação que se tem de algo que já tenha ocorrido, e à exposição de fatos, dados ou motivos que dizem respeito a um determinado assunto.*

-------------------------////-------------------------

A importância da prática

A prática da sincronização diária irá desenvolver outros sentidos como intuição, vontade, imaginação, percepção, razão, autoimagem e memória, assim aprenderemos a trabalhar não mais com cinco sentidos (visão, audição, tato, paladar e olfato) e sim com doze sentidos que juntos e equilibrados nos mostrarão a verdadeira realidade.

Assim você pode ter mais, fazer mais e ser muito mais. VOCÊ é merecedor (a).

Às vezes em nossas vidas passamos por momentos difíceis e até muito conturbados; nesses momentos precisamos de um apoio externo para nos amparar e até nos fazer sentirmos protegidos.

Onde geralmente encontramos essa proteção e amparo?

No colo, nos braços e no amor de nossas mães.

Porque temos esse sentimento de proteção junto dela?

Porque ela foi o caminho para chegarmos a esse mundo.

Os primeiros de nossa espécie vieram diretamente através da vontade de Deus no sexto dia, quando Deus criou o homem à sua imagem.

Então, é fato, que a sincronização diária do SUBIRCONSCIENTE com a frequência dos dias da criação, suprirá nossos anseios e necessidades, pois assim está escrito:

"Pedí, e dar-se-vos-á; buscai, e achareis; batei e abrir-se-vos-á". / "Pois todo o que pede, recebe; e quem busca, acha; e ao que bate abrir-se-lhe-á".

Não cometa o erro devastador de viver a vida sem estar em seu pleno comando.

O quanto você está feliz com os seus resultados?

Deixemos essa energia criativa e construtiva, esse poder universal que domina toda a natureza preencher nossa consciência e nosso corpo físico, pois segundo estudiosos tudo no universo é consciência.

A nossa consciência individual e o conteúdo que existe nela, é o que moldará nossa realidade.

Como disseram algumas mentes brilhantes que estiveram entre nós:

"Nós nos tornamos aquilo que pensamos" / "O segredo da saúde mental e corporal está em não se lamentar pelo passado, não se preocupar com o futuro, nem se adiantar aos problemas, mas viver sabiamente e seriamente o presente". **Buda**

"Eu sou o resultado de meus próprios atos, herdeiros de atos; atos são a matriz que me trouxe, os atos são o meu parentesco; os atos recaem sobre mim; qualquer ato que eu realize, bom ou mal, eu dele herdarei. Eis em que deve sempre refletir todo o homem e toda mulher". **Sakyamuni.**

Para atingir os objetivos que queremos alcançar, primeiro precisamos DECIDIR que queremos.

Percebi que todo êxito que obtive diante das situações difíceis pelas quais eu passei foram após eu decidir que queria o que eu queria... Então começamos a praticar essa sincronização, acreditando e respeitando as Leis que regem o universo e nossos objetivos serão alcançados. Temos tudo para triunfar nesse "jogo da vida".

A expansão da consciência

Cada dia específico da semana, conforme a sua criação carrega em sua essência, ou seja, na sua onda toda a energia e a frequência que mantém tudo na natureza a agir sempre de forma equilibrada. Usando corretamente a sincronização do SUBIRCONSCIENTE com a frequência especifica, irá trazer até nós a conformidade com sua onda, gerando equilíbrio e compreensão, em nosso interior.

A sincronização oferece, através de sua onda, uma grande abundância de energia. Na prática teremos novas e grandes forças mentais que irão ajudar no desenvolvimento de um novo conceito de vida, abrindo caminho para uma vida mais próspera e mais feliz.

Essa onda possui características específicas e flui *pelo Continuum Espaço / Tempo* que vai do passado para o futuro e vice-versa, o tempo todo.

Quando sincronizarmos com a onda (frequência) do dia específico, essa passa a ser de todas as possibilidades, ocorrendo transferência de informação que ela contém, potencializando ainda mais a criação que estamos desenvolvendo dentro de nossa consciência.

Essa onda acessa nosso cérebro através dos nossos neurônios pelos seus micros tubos, onde geralmente são bloqueados pelos nossos paradigmas, reagindo assim como uma força contrária impedindo seu acesso.

Essa força contrária sempre será mais forte, pois o paradigma é tudo o que acreditamos e sentimos, e isso que cria a nossa realidade.

Segundo Jack Canfield, em tese, só podemos controlar três coisas em nossas vidas:

1. Nosso pensamento.
2. Nosso comportamento.
3. As imagens que guardamos em nossa mente.

Precisamos estar cientes dessas circunstâncias, assim estaremos sempre nos sincronizando conscientemente e permitindo que essa "nova" onda acesse os nossos neurônios, trazendo assim o resultado desejado. É como se fizéssemos micro meditações ao decorrer do dia, lembrando que o melhor horário para a sincronização é quando você está naquele momento entre o sono e a vigília, ou melhor, quando você está indo dormir ou quando você está acordando.

Nesses momentos, nosso cérebro tem atividades cerebrais de onda Theta que são muito baixas, facilitando assim nosso pleno acesso ao nosso SUBIRCONSCIENTE.

Conforme estudos científicos com as ondas Theta, temos baixa na frequência cerebral e o corpo libera as enzimas mais eficazes e poderosas de regeneração e recomposição dos tecidos e células.

Essa prática irá se tornar uma técnica e não um modo de vida. Perceberemos que a prática deste sincronismo nos levará a um estado maior de quietude ou de consciência que é quando nossa mente está livre de pensamento; é quando nós temos controle do que está ocupando nosso cérebro, quando estamos em nosso momento presente.

Fora deste estado de sincronismo, nosso cérebro passa a ser apenas uma caixa de pensamentos à deriva, alterando nossas emoções e sentimentos o tempo todo.

O sincronismo é um poder universal. É a pura essência da criação.

Aos poucos iremos realmente perceber que nossa mente é o nosso "SUBIRCONSCIENTE"; ela está conectada com o Todo, e o Todo responde a todos da mesma maneira, e então começamos a perceber nosso verdadeiro potencial infinito.

O fluxo da vida

Espero que tenha conseguido ser claro e objetivo ao dividir minha experiência, pois é assim que tenho levado minha vida, de uma forma clara e objetiva.

Posso dizer que hoje em dia meus sentimentos estão mais leves e minhas emoções mais equilibradas. Quando me deparo com os entraves da vida, não perco muito tempo com eles não, muitos passam e na maioria das vezes são quase imperceptíveis.

Por muito tempo em minha vida, não consegui ter um objetivo claro e definido em minha mente, as controvérsias eram tantas que me dificultavam muito essa compreensão e aceitação de um objetivo.

Após algum tempo na prática do sincronismo do SUBIRCONSCIENTE minhas faculdades foram se expandindo e as coisas começaram a se tornar mais claras; foi como uma névoa na natureza se dissipando e revelando as belezas que estavam escondidas por trás.

Meus estudos ainda não acabaram e acredito que nunca acabarão, pois nesse "jogo" de mistérios que a vida nos apresenta, sempre haverá algo a aprender e a compreender.

A inércia não faz parte deste mundo; nada aqui está parado!

Assim vou colhendo os bons frutos de estar escolhendo o caminho por onde minha vida irá passar.

Nos últimos dias, meu amado filho se casou, pois entre namoro e noivado estão juntos há mais sete anos. Minha nora é uma excelente pessoa, sempre se mostrou muito carinhosa e prestativa com o relacionamento deles.

Confesso que a ausência física deles em casa é bastante grande. Mas por outro lado, vamos aprendendo a conviver sempre com o novo, com o desconhecido. Então, divido a maior parte do meu tempo com minha querida esposa, e sempre que possível passeamos por lugares maravilhosos.

Foi um imenso prazer dividir um pouco da minha vida com você, querido leitor.

Que um dia possamos nos encontrar e trocarmos experiências sobre esses e outros assuntos e, assim, aprimorarmos nossos conhecimentos.

Em forma de confiança e agradecimento divido aqui com você minha sincronização diária.

Sincronização diária

QUE TUA LUZ ILUMINE MEU ESPÍRITO

(Domingo – Espiritual – Intuição)

QUE ATRAVÉS DELA EU DESENVOLVA MEU TRABALHO EM BUSCA DOS MEUS OBJETIVOS

(Segunda-feira – Trabalho – Vontade)

COLHENDO APENAS OS BONS FRUTOS

(Terça-feira – Finanças Imaginação)

QUE O EQUILÍBRIO DOS MEUS SENTIMENTOS

(Quarta-feira – Equilíbrio – Percepção)

ESTEJAM SEMPRE EM HARMONIA COM AS PESSOAS QUE ME RODEIAM

(Quinta-feira – Família – Razão)

TOMANDO-ME ASSIM EM UM CORPO BELO E SAUDÁVEL

(Sexta-feira – Saúde – Autoimagem)

PARA APROVEITAR E ADMIRAR TODA A TUA PERFEITA CRIAÇÃO

(Sábado – Lazer, Descanso – Memória)